가을의 기도

국립중앙도서관 출판시도서목록(CIP)

가을의 기도 / 지은이: 김현승. -- 양평군 : 시인생각, 2013
  p. ; cm. -- (한국대표명시선 100)

"김현승 연보" 수록
ISBN 978-89-98047-86-3 03810 : ₩6000

한국 현대시[韓國 現代詩]

811.62-KDC5
895.714-DDC21   CIP2013012941

한 국 대 표
명　시　선
1　0　0

김 현 승

가을의 기도

시인생각

■ 시인의 말

 제3시집 『견고한 고독』 이후 쓰여진 시편들 가운데서 40편을 골라 이 시집을 엮었다. 제1부에는 내 시 생애의 최후의 추구가 될지도 모르는 고독을 주제로 한 시편들을, 제2부에는 경험을 거쳐 차츰 생명에 대하여 반성하고 깨달아져 가는 것들을, 그리고 제3부에는 수시로 쓰여졌던 것을 묶어 놓았다. 수시로 쓰여진 것들이라고 하지만 이러한 작품들에도 나의 고독의 자세가 어떻든 스며있으리라고 생각한다.
 고독 속에 파묻히는 것은 감상이나 위축이 아니다. 고독을 추구하는 것은 허무의식과도 그 색채가 다르다.

고독을 표현하는 것은 나에게는 가장 즐거운 시예술의 활동이며 윤리적 차원에서는 참되고 굳세고자 함이 된다. 고독 속에서 나의 참된 본질을 알게 되고, 나를 거쳐 인간일반을 알게 되고, 그럼으로써 나의 대 사회적 임무까지도 깨달아 알게 되므로.

1970년 9월 5일

저 자 지識

<시집 『절대 고독』(1970. 11. 1) 서문에서>

■ **차 례** ──────── 가을의 기도

시인의 말

1

가을의 기도 13
내 마음은 마른 나뭇가지 14
플라타너스 16
견고堅固한 고독 18
바다의 육체 20
아버지의 마음 22
보석 24
눈물 26
자화상 27
독신자 28

한국대표명시선100 김현승

2

산까마귀 울음소리   31
슬픔   32
밤은 영양이 풍부하다   34
유성流星에 붙여   36
고백의 시詩   38
옹호자擁護者의 노래   40
쓸쓸한 겨울 저녁이 올 때 당신들은   42
신설新雪   46
가을의 시   48
지상의 시   50

3

무등차茶   53

나무와 먼 길   54

빛   56

우리는 일어섰다   58

인간은 고독하다   60

겨울 까마귀   62

희망이라는 것   64

겨울나그네   66

절대 고독   68

고독의 순금   70

4

어리석은 갈대　75

어린 것들　76

평범한 하루　78

다형茶兄　79

동체시대胴體時代　80

우수憂愁　82

절대신앙絕對信仰　83

이 어둠이 내게 와서　84

사랑하는 여인에게　86

겨울 실내악　87

부재不在　88

5

무기의 의미 I 93
흙 한 줌 이슬 한 방울 94
희망 96
샘물 98
영혼의 고요한 밤 100
하운소묘夏雲素描 102
이별의 곡曲 104
마지막 지상에서 106

김현승 연보 107

1

가을의 기도

가을에는
기도하게 하소서……
낙엽들이 지는 때를 기다려 내게 주신
겸허한 모국어로 나를 채우소서.

가을에는
사랑하게 하소서……

오직 한 사람을 택하게 하소서.
가장 아름다운 열매를 위하여 이 비옥한
시간을 가꾸게 하소서.

가을에는
호올로 있게 하소서……
나의 영혼,
굽이치는 바다와
백합의 골짜기를 지나,
마른 나뭇가지 위에 다다른 까마귀같이.

내 마음은 마른 나무가지

내 마음은 마른 나무가지,
주여,
나의 머리 위으로 산까마귀 울음을 호올로
날려 주소서.

내 마음은 마른 나무가지,
주여,
저 부리 고운 새새끼들과,
창공에 성실하던 그의 어미 그의 잎사귀들도,
나의 발부리에 떨어져 바람부는 날은
가랑잎이 되게 하소서.

내 마음은 마른 나무가지,
주여,
나의 육체는 이미 저물었나이다!
사라지는 먼뎃 종소리를 듣게 하소서,
마지막 남은 빛을 공중에 흩으시고
어둠속에 나의 귀를 눈뜨게 하소서.

내 마음은 마른 나무가지,
주여,
빛은 죽고 밤이 되었나이다!
당신께서 내게 남기신 이 모진 두 팔의 형상을 벌려,
바람속에 그러나 바람속에 나의 간곡한 포옹을
두루 찾게 하소서.

플라타너스

꿈을 아느냐 네게 물으면,
플라타너스,
너의 머리는 어느덧 파아란 하늘에 젖어 있다.

너는 사모할 줄을 모르나,
플라타너스,
너는 네게 있는 것으로 그늘을 늘인다.

먼 길에 올 제,
홀로 되어 외로울 제,
플라타너스,
너는 그 길을 나와 같이 걸었다.

이제 너의 뿌리 깊이
나의 영혼을 불어넣고 가도 좋으련만,
플라타너스,
나는 너와 함께 신이 아니다!

수고론 우리의 길이 다하는 어느 날,
플라타너스,
너를 맞아 줄 검은 흙이 먼 곳에 따로이 있느냐?
나는 오직 너를 지켜 네 이웃이 되고 싶을 뿐,
그곳은 아름다운 별과 나의 사랑하는 창이 열린 길이다.

견고堅固한 고독

껍질을 더 벗길 수도 없이
단단하게 마른
흰 얼굴.

그늘에 빛지지 않고
어느 햇볕에도 기대지 않는
단 하나의 손발.

모든 신神들의 거대한 정의 앞엔
이 가느다란 창끝으로 거슬리고,
생각하던 사람들 굶주려 돌아오면
이 마른 떡을 하룻밤
네 살과 같이 떼어 주며,

결정結晶된 빛의 눈물,
그 이슬과 사랑에도 녹슬지 않는
견고한 칼날— 발 딛지 않는
피와 살.

뜨거운 햇빛 오랜 시간의 회유懷柔에도
더 휘지 않는
마를 대로 마른 목관악기의 가을
그 높은 언덕에 떨어지는,
굳은 열매
씁쓸한 자양滋養
에 스며 드는
에 스며 드는
네 생명의 마지막 남은 맛!

바다의 육체

푸른 잉크로 시詩를 쓰듯
백사장의 깃은 물결에 젖었다.

여기서는 바람은 나푸킨처럼 목에 걸었다.
여기서는 발이 손보다 희고
게는 옆으로 걸었다.

멀리 이는 파도— 바다의 쟈스민은 피었다 지고,

흑조黑潮빛 밤이 덮이면
천막이 열린 편으로
유성들은 시민과 같이 자주 지나갔다.
별들은 하나하나 천년의 모래 앞에 씻기운
천리 밖의 보석들……

바다에 와서야
바다는 물의 육체만이 아니임을 알았다.

뭍으로 돌아가면
나는 다시 파도에서 배운 춤을 일깨우고,
내 꿈의 수평선을 머얼리 그어 둘 테다!

나는 이윽고 푸른 바다에 젖는 손수건이 되어
뭍으로 돌아왔다— 팔월 오일.

아버지의 마음

바쁜 사람들도
굳센 사람들도
바람과 같던 사람들도
집에 돌아오면 아버지가 된다.

어린 것들을 위하여
난로에 불을 피우고
그네에 작은 못을 박는 아버지가 된다.

저녁바람에 문을 닫고
낙엽을 줍는 아버지가 된다.

바깥은 요란해도
아버지는 어린것들에게는 울타리가 된다.
양심을 지키라고 낮은 음성으로 가르친다.

아버지의 눈에는 눈물이 보이지 않으나,
아버지가 마시는 술에는 항상 눈물이 절반이다.

아버지는 가장 외로운 사람들이다.
가장 화려한 사람들은
그 화려함으로 외로움을 배우게 된다.

보석

사랑은 마음의
보석은 눈의
술.

어느 것은 타오르는 불꽃과 밤의 숨소리가
그 절정에서 눈을 감고.

어느 것은 영혼의 의미마저 온전히 빼어버린
깨끗한 입술.

그것은 탄소炭素빛 탄식들이 쌓이고 또 쌓이어
오랜 기억의 바닥에 단단한 무늬를 짓고.

그것은 그 차거운 결정結晶 속에
변함없이 빛나는 애련한 이마아쥬.

그리하여 탄환보다도 맹렬한 사모침으로
그것은 원만한 가슴 한복판에서 터진다.

나는 이것들을 더욱 아름답고 더욱 단단한
하나의 취醉함으로 만들기 위하여,
불붙는 태양을 향하여 어느 날
이것들을 던졌다!
그러나 이 눈의 눈동자, 입을 여는 혀의 첫마디,
이 적과 같이 완강한 빛의 맹세는
더 무너질 것이 없어,
날마다 날마다 그 빛의 뜨거운 품안에서
더욱 더 새롭게 타는 것이다.

눈물

더러는
옥토沃土에 떨어지는 작은 생명이고저……

흠도 티도,
금가지 않은
나의 전체全體는 오직 이뿐!

더욱 값진 것으로
드리라 하올 제,

나의 가장 나중 지니인 것도 오직 이뿐!
아름다운 나무의 꽃이 시듦을 보시고
열매를 맺게 하신 당신은,

나의 웃음을 만드신 후에
새로이 나의 눈물을 지어주시다.

자화상

내 목이 가늘어 회의에 기울기 좋고
혈액은 철분이 셋에 눈물이 일곱이기
포효보담 술을 마시는 나이팅게일……

마흔이 넘은 그보다도
뺨이 쪼들어
연애엔 아주 실망이고,

눈이 커서 눈이 서러워,
모질고 사특하진 않으나,
신앙과 이웃들에 자못 길들기 어려운 나 ──.

사랑이고 원수고 몰아쳐 허허 웃어 버리는
비만한 모가지일 수 없는 나 ──.

내가 죽는 날
단테의 연옥煉獄에선 어느 선비문扉門이 열리려나.

독신자

나는 죽어서도
무덤 밖에 있을 것이다.

누구의 품안에도 고이지 않은
나는 지금도 알뜰한 제 몸 하나 없다.
나의 그림자마저
내게서 기르자
그리하여 뉘우쳐 머리 숙인 한 그루 나무같이
나의 문 밖에 세워 두자.

제단은 쌓지 말자
무형한 것들은 나에게는 자유롭고 더욱 선연한 것……

크리스마스와
새해가 오면,
나의 친구는 먼 하늘의 물 머금은 별들……
이단을 향하여 기류 밖에 흐르는 보석을 번지우고,

첫눈이 내리면
순결한 살엔 듯
나의 볼을 부비자!

2

산까마귀 울음소리

아무리 아름답게 지저귀어도
아무리 구슬프게 울어예어도
아침에서 저녁까지
모든 소리는 소리로만 끝나는데,

겨울 까마귀 찬 하늘에
너만은 말하며 울고 간다!

목에서 맺다
살에서 터지다
뼈에서 우려낸 말,
중에서도 재가 남은 말소리로
울고 간다.

저녁 하늘이 다 타버려도
내 사랑 하나 남김없이
너에게 고하지 못한
내 뼛속의 언어로 너는 울고 간다.

슬픔

슬픔은 나를
어리게 한다.

슬픔은
죄를 모른다,
사랑하는 시간보다도 오히려.

슬픔은 내가
나를 안는다,
아무도 개입할 수 없다.

슬픔은 나를
목욕시켜 준다,
나를 다시 한 번 깨끗하게 하여 준다.

슬픈 눈에는
그 영혼이 비추인다,
먼 나라의 말소리도 들리듯이.

슬픔 안에 있으면
나는 바르다!

신앙이 무엇인가 나는 아직 모르지만,
슬픔이 오고 나면
풀밭과 같이 부푸는
어딘가 나의 영혼…….

밤은 영양이 풍부하다

무르익은
과실의 밀도密度와 같이
밤의 내부는 달도록 고요하다.

잠든 내 어린것들의 숨소리는
작은 벌레와 같이
이 고요 속에 파묻히고,

별들은 나와
자연의 구조에
질서있게 못을 박는다.

한 시대 안에는 밤과 같이 해체나 분석에는
차라리 무디고 어두운 시인들이 산다.
그리하여 토의의 시간이 끝나는 곳에서
밤은 상상으로 저들의 나래를 이끌어 준다.

꽃들은 떨어져 열매 속에
그 화려한 자태를 감추듯…….

그리하여 시간으로 하여금
새벽을 향하여
이 풍성한 밤의 껍질을
서서히 탈피케 할 줄을 안다.

유성流星에 붙여

근착近着의 경이

내 초조한 사랑이 관대한 너의 옷깃에 파묻힐 때
그것은 곧 영원과 소멸……

불꽃으로 다진 어느 보석이
질투보다 강한 어느 눈물이
저렇게도 끝내 무한에 부딪쳐 깨어져 버릴 수 있을까.

어느 먼 나라의 치욕이
반항의 헛된 시간들이
존재보다 강한 의욕의 멀고 먼 길들이
저렇듯 찬란히 슬프도록 꼬리를 저으며 사라져갔을까.

어느 희망이 어느 이단異端의 우둔愚鈍이
어느 황금의 날랜 옛 화살들이
저렇게도 빠르게 영원을 가로질러 달려갔을까.

어두운 여름 밤
창을 열고 무성한 창공을 바라보면,
신은 가없이 넓은 저 편 — 그러기에
지상의 혼례란 우리들의 노래란

일순一瞬에서 일순으로 흐르는
선線과
점點,
점點,
그러나 무애无涯의 품안으로 떨어져가는
그것은 또 불멸의 사랑과 같은 황금의 씨앗……

고백의 시詩

나도 처음에는
내 가슴이 나의 시였다.
그러나 지금은 이 가슴을 앓고 있다.

나의 시는
나에게서 차츰 벗어나
나의 낡은 집을 헐고 있다.

사랑하는 것과
사랑을 아는 것과는 나에게서는 다르다.
금빛에 입 맞추는 것과
금빛을 캐어내는 것과는 나에게서 다르다.

나도 처음에는 나의 눈물로
내 노래의 잔을 가득히 채웠지만,
이제는 이 잔을 비우고 있다.
맑고 투명한 유리빛으로 비우고 있다.

나는 무엇을 생각하고 있는가,
얻으려면 더욱 얻지 못하는가,

아름다운 장미도 아닌
아름다운 장미와 시간의 관계도 아닌
그 장미와 사랑의 기쁨은 더욱 아닌 곳에,
아아 나의 시는 마른다!
나의 시는 잠을 이루지 못한다!

나의 시는 둘이며 둘이 아닌
오직 하나를 위하여,
너와 나의 하나를 위하여 너에게서 쫓겨나며
나와 함께 마른다!
무덤에서도 캄캄한 너를 기다리며……

옹호자擁護者의 노래

말할 수 없는 모든 언어가
노래할 수 있는 모든 선택된 사조詞藻가
소통할 수 있는 모든 침묵들이
고갈하는 날,
나는 노래하련다!

모든 우리의 무형한 것들이 허물어지는 날
모든 그윽한 꽃향기들이 해체되는 날
모든 신앙들이 입증立證의 칼날 위에 서는 날,
나는 옹호자들을 노래하련다!

티끌과 상식으로 충만한 거리여,
수량數量의 허다한 신뢰자들이여,
모든 사람들이 돌아오는 길을
모든 사람들이 결론에 이르는 길을
바꾸어 나는 새삼 떠나련다!

아로새긴 상아와 유한의 층계로는 미치지 못할
구름의 사다리로, 구름의 사다리로,
보다 광활한 영역을 나는 가련다!

싸늘한 증류수의 시대여,
나는 나의 우울한 혈액 순환을 노래하지 아니치 못하련다.

날마다 날마다 아름다운 항거의 고요한 흐름 속에서
모든 약동하는 것들의 선율처럼
모든 전진하는 것들의 수레바퀴처럼
나와 같이 노래할 옹호자들이여,
나의 동지여, 오오, 나의 진실한 친구여!

쓸쓸한 겨울 저녁이 올 때 당신들은

아침 해의 축복과 사랑을 받지 못하는 크고 작은 유리창들이
순간의 영광답게 최후의 찬란燦爛답게 빛이 어리었음은
저기 저 찬 하늘과 추운 지평선 위에 붉은 해가 피를 뿌리고 있습니다.
날이 저물어 그들의 황홀한 심사가 멀리 바라보이는
광활한 하늘과 대지와 더불어 황혼의 묵상默想을 모으는 곳에서
해는 날마다 그의 마지막 정열만을 세상에 붓는다 합니다.
여보세요. 저렇게 붉은 정열만은 아마 식을 날이 없겠지요.
아니 우랄산 골짜기에 쏟아뜨린 젊은 사내들의 피를 모으면 저만할까?

그렇지요, 동방으로 귀양간 젊은이들의 정열의 회합이 있는 날
아! 저 하늘을 바라보세요.
황금 창을 단 검은 기차가
어둡고 두려운 밤을 피하여 여명의 나라로 화살같이 달아납니다.
그늘진 산을 넘어와 광야의 시인—— 검은 까마귀가 성읍城邑을 지나간 후

어두움이 대지에 스며들기 전에
열차는 안전지대의 휘황한 메트로폴리스를 향하여
암흑이 절박한 북부의 설원을 탈출한다 하였습니다.
그러면 여보! 이날 저녁에도 또한 밤을 피하지 못하는 사람들이 있지 않습니까?

적막한 몇 가지 일을 남기고 해는 졌습니다그려!
참새는 소박한 깃을 찾고,
산 속의 토끼는 털을 뽑아 둥지에 찬바람을 막고 있겠지요.
어찌 회색의 포플러인들 오월의 무성을 회상하지 않겠습니까?
불려가는 바람과 나려오는 서리에 한평생 늙어버린 전신주가
더욱 가늘고 뾰죽해질 때입니다.
저녁 배달부가 돌아다닐 때입니다.
여보세요. 쓸쓸한 겨울 저녁이 올 때 허다한 사람들에게
행복한 시간을 프레젠트하는 우편물입니까?
해를 쫓아버린 검은 광풍이 눈보라를 날리며 개선 행진을 하고 있습니다그려!

불빛 어린 창마다 구슬피 흘러나오는 비련의 송가를 듣습니까?
쓸쓸한 저녁이 이를 때 이 땅의 거주민이 부르는 유전의 노래입니다.
지금은 먼 이야기, 여기는 동방
그러나 우렁차고 빛나던 해가 서쪽으로 기울어지던 날
오직 한마디의 비가를 이 땅에 남기고 선인의 발자취가
어두움 속으로 영원히 사라졌다 합니다.
그리하여 눈물과 한숨, 또한 내어버린 웃음 위에
표랑漂浪의 역사는 흐르는 세월과 함께 쓰여져 왔다 합니다.

그러면 여보, 이러한 이야기를 가진 당신들!
쓸쓸한 저녁이 올 때 창 밖에 안타까운 집시의 노래를 방송하기엔
——당신들의 정열은 너무도 크지 않습니까?
표랑의 역사를 그대로 흘려보내기엔
——당신들의 마음은 너무도 비분하지 않습니까?
너무도 오랫동안 차고 어두운 이 땅,
울분의 덩어리가 수천 수백 강렬히 불타고 있었습니다그려!

마침내 비련의 감정을 발끝까지 찍어 버리고
 금붕어 같은 삶의 기나긴 페이지 위에 검은 먹칠을 하고
 하고서, 강하고 튼튼한 역사를 또다시 쌓아 올리고
 캄캄하던 동방산東方山 마루에 빛나는 해를 불쑥 올리려고.
 밤의 험로를 천리나 만리를 달려나갈 젊은 당신들——
 정서를 가진 이, 일만 사람이 쓸쓸하다는 겨울 저녁이 올 때
 구슬픈 저녁을 더더 장식하는 가냘픈 선율 끝에 매어달린 곡조와
 당신의 작은 깃을 찾는 가엾은 마음일랑 작은 산새에게 내어 주고
 녹색 등잔 아래 붉은 회화를 그렇게 할 이웃에게 맡기고
 여보! 당신들은 맹렬한 바람이 부는 추운 거리로 나아가야 하지 않겠습니까?
 소름 찬 당신들의 일을 하여야 하지 않겠습니까?

신설新雪

시인들이 노래한 일월의 어느 언어보다도
영하 5도가 더 차고 깨끗하다.

메아리도 한 마정이나 더 멀리 흐르는 듯……

정월의 썰매들이여,
감초인 마음들을 미지의 산란한 언어들을
가장 선명한 음향으로 번역하여 주는
출발의 긴 기적들이여,
잠든 삼림들을

이 맑은 공기 속에 더욱 빨리 일깨우라!

무엇이 슬프랴,
무엇이 황량하랴,
역사들 썩어 가슴에 흙을 쌓으면
희망은 묻혀 새로운 종자가 되는
지금은 수목들의 체온도 뿌리에서 뿌리로 흐른다.

피로 멍든 땅,
상처 깊은 가슴들에
사랑과 눈물과 스미는 햇빛으로 덮은
너의 하얀 축복의 손이 걷히는 날

우리들의 산하여,
더 푸르고 더욱 요원하라!

가을의 시

넓이와 높이보다
내게 깊이를 주소서,
나의 눈물에 해당하는……

산비탈과
먼 집들에 불을 피우시고
가까운 곳에서 나를 배회하게 하소서.

나의 공허를 위하여
오늘은 저 황금빛 열매를 마저 그 자리를
떠나게 하소서.
당신께서 내게 약속하신 시간이 이르렀습니다.

지금은 기적들을 해가 지는 먼 곳으로 따라 보내소서.
지금은 비둘기 대신 저 공중으로 산까마귀들을
바람에 날리소서.
많은 진리들 가운데 위대한 공허를 선택하여
나로 하여금 그 뜻을 알게 하소서.

이제 많은 사람들이 새 술을 빚어
깊은 지하실에 묻을 시간이 오면,
나는 저녁 종소리와 같이 호올로 물러가
나는 내가 사랑하는 마른풀의 향기를 마실 것입니다.

지상地上의 시

보다 아름다운 눈을 위하여
보다 아름다운 눈물을 위하여
나의 마음은 지금, 상실의 마지막 잔이라면,
시는 거기 반쯤 담긴
가을의 향기와 같은 술……

사라지는 것들을 위하여
사라지는 것만이, 남을 만한 진리임을 위하여
나의 마음은 지금 저무는 일곱 시라면,
시는 그곳에 멀리 비추이는
입 다문 창들……

나의 마음―― 마음마다 로맨스그레이로 두른 먼 들일 때,
당신의 영혼을 호올로 북방으로 달고 가는
시의 검은 기적――

천사들에 가벼운 나래를 주신 그 은혜로
내게는 자욱이 퍼지는 언어의 무게를 주시어,
때때로 나의 슬픔을 위로하여 주시는
오오, 지상의 신이여, 지상의 시여!

3

무등차茶

가을은
술보다
차 끓이기 좋은 시절……

갈가마귀 울음에
산들 여위어 가고

씀바귀 마른 잎에
바람이 지나는,

남쪽 십일월의 긴긴 밤을,

차 끓이며
끓이며
외로움도 향기인 양 마음에 젖는다.

나무와 먼 길

사랑이 얼마나 중한 줄은 알지만
나무, 나는 아직 아름다운 그이를 모른다.
하늘 살결에 닿아 너와 같이 머리 고운 여인을 모른다.

내가 시詩를 쓰는 오월이 오면
나무, 나는 너의 곁에서 잠잠하마,
이루 펴지 못한 나의 전개展開의 이마아쥬를
너는 공중에 팔 벌려 그 모양을 떨쳐 보이는구나!
나의 입술은 메말라
이루지 못한 내 노래의 그늘들을
나무, 너는 땅 위에 그렇게도 가벼이 늘이는구나!

목마른 것들을 머금어주는 은혜로운 오후가 오면
너는 네가 사랑하는 어느 물가에 어른거린다.
그러면 나는 물속에 잠겨 어렴풋한 네 모습을
잠시나마 고요히 너의 영혼이라고 불러 본다.

나무, 어찌하여 신께선 너에게 영혼을 주시지 않았는지
나는 미루어 알 수도 없지만,
언제나 빈 곳을 향해 두르는 희망의 척도— 너의 머리는 내 영혼이 못 박힌 발부리보다 아름답구나!

머지않아 가을이 오면
사람마다 돌아와 집을 세우는 가을이 오면,
나무, 너는 너의 수확으로 전진된 어느 황톳길 위에 서서,
때를 맞춰 불빛보다 다스운 옷을 너의 몸에 갈아입을 테지,

그리고 겨울이 오면
너는 머리 숙여 기도를 올릴 테지,
부리 고운 가난한 새새끼들의 둥지를 품에 안고
아침저녁 안개 속에 너는 과부의 머리를 숙일 테지,

그리고 때로는
굽이도는 어느 먼 길 위에서,
겨울의 긴 여행에 호올로 나선 외로운 시인들도 만날 테지……

빛

우리의 모든 아름다움은
너의 지붕 아래에서 산다.

이름을 부르고
얼굴을 주고
창조된 것들은 모두 네가 와서 문을 열어준다.

어둠이 와서 이미 낡은 우리의 그림자를 거두어들이면
너는 아침마다 명일明日에서 빼어 내어
새것으로 바꾸어 준다.

나의 가슴에 언제나 빛나는 희망은
너의 불꽃을 태워 만든 단단한 보석,
그것은 그러나 한 빛깔 아래 응결되거나
상자 안에서 눈부실 것은 아니다.

너는 충만하다, 너는 그리고 어디서나 원만하다,
너의 힘이 미치는 데까지……
나의 눈과 같이 작은 하늘에서는
너의 영광은 언제나 넘치어 흐르는구나!

나의 품안에서는 다정하고 뜨겁게
거리 저편에서는 찬란하고 아름답게
더욱 멀리에서는 더욱 견고하고 총명하게,

그러나 아직은 냉각되지 않은,
아직은 주검으로 굳어져버리지 않은,

너는 누구의 연소하는 생명인가!
너는 아직도 살고 있는 신에 가장 가깝다.

우리는 일어섰다

우리의 조국은 둘이며 하나이다.
자유와 그에의 애수哀愁!

우리는 일어섰다. 참혹한 사월이 지나간 맑은 새아침
모든 시내 모든 강물 위에 흘러가는 그 소리와
모든 골짜기 모든 산비탈에 울려 가는 그 노래와
동서로 가는 남북으로 뻗은 모든 길 위에 통하는
이 우리들의 제목題目을 위하여……

우리는 일어섰다, 사월이 지나간 유월에도,
북소리와 같이 멀리서도 들리는
우리네 젊은 심장의 고동,
그리고 제목은 오직 하나— 미소하는 눈짓과
우리네 하늘에 자유로이 날으는
모든 생명 있는 것들의 우짖음과
먼 산등에까지 울리는 그리운 공명共鳴의 메아리를 위하여……

우리는 일어섰다!
쓰라린 눈물과 어제 위에 남긴 동지들의 발자국—
자유에의 거치른 이정표와,

해마다 피어나는 피빛 진달래— 그네들의 부활과
그네를 지키는 천국의 영원한 그네의 조국을 위하여.

우리들의 젊은 지혜의 눈동자는
총부리와 같이 겨누고 있다!
어둠을 깨뜨리는 새벽— 일천구백육십 년의 저편을 향하여…….

인간은 고독하다

나로 하여금
세상의 모든 책을 덮게 한
최후의 지혜여,
인간은 고독하다!

우리들의 꿈과 사랑과
모든 광채 있는 것들의 열량을 흡수하여 버리는
최후의 언어여,
인간은 고독하다!

슬픔을 지나,
공포를 넘어,
내 마음의 출렁이는 파도 깊이 가라앉은
아지 못할 깨어진 중량의 침묵이여,
인간은 고독하다!

이상이란 무엇이며
실존이란 무엇인가,
그것들의 현대화란 또 무엇인가,
인간은 고독하다!

고국에서나
이역에서도
그 하늘을 내 검은 머리 위에

고요한 꿈의 이바지같이
내게 딸린 나의 풍물風物과 같이
이고 가네
이고 넘었네.

겨울 까마귀

영혼의 새.

매우 뛰어난 너와
깊이 겪어 본 너는
또 다른,

참으로 아름다운 것과
호올로 남은 것은
가까워질 수도 있는,
언어는 본래

침묵으로부터 고귀하게 탄생한,

열매는
꽃이었던,

너와 네 조상들의 빛깔을 두르고,

내가 십이월의 빈 들에 가늘게 서면,
나의 마른 나뭇가지에 앉아

굳은 책임에 뿌리박힌
나의 나뭇가지에 호올로 앉아,

저무는 하늘이라도 하늘이라도
멀뚱거리다가,
벽에 부딪쳐
아, 네 영혼의 흙벽이라도 덤북 물고 있는 소리로,
까아욱——
깍——

희망이라는 것

희망.
희망은 분명 있다.
네가 내일의 닫힌 상자를
굳이 열지만 않는다면…….

희망.
희망은 분명히 빛난다.
네가 너무 가까이 가서
그 그윽한 거리距離의 노을을 벗기지만 않으면…….

희망.
그것은 너의 보석으로 넉넉히 만들 수도 있다.
네가 네 안에 너무 가까이 있어
너의 맑은 눈을 오히려 가리우지만 않으면…….

희망.
희망은 스스로 네가 될 수도 있다.
다함없는 너의 사랑이
흙 속에 묻혀,
눈물 어린 눈으로 너의 꿈을

먼 나라의 별과 같이 우리가 바라볼 때…….

희망.
그것은 너다.
너의 생명이 닿는 곳에 가없이 놓인
내일의 가교架橋를 끝없이 걸어가는,
별과 바람에도 그것은 꽃잎처럼 불리는
네 마음의 머나먼 모습이다.

겨울 나그네

내 이름에 딸린 것들
고향에다 아쉽게 버려두고
바람에 밀리던 플라타너스
무거운 잎사귀 되어 겨울길을 떠나리라.

구두에 진흙덩이 묻고
담장이 마른 줄기 저녁바람에 스칠 때
불을 켜는 마을들은
빵을 굽는 난로같이 안으로 안으로 다스우리라.

그곳을 떠나 이름 모를 언덕에 오르면
나무들과 함께 머리 들고 나란히 서서
더 멀리 가는 길을 우리는 바라보리라.

재잘거리지 않고
누구와 친하지도 않고
언어는 그다지 쓸데없어 겨울옷 속에서
비만하여 가리라.

눈 속에 깊이 묻힌 지난해의 낙엽들같이
낯설고 친절한 처음 보는 땅들에서
미신에 가까운 생각들에 잠기면
겨우내 다스운 호올로에 파묻히리라.

얼음장 깨지는 어느 항구에서
해동解凍의 기적 소리 기적처럼 울려와
땅 속의 짐승들 울먹이고
먼 곳에 깊이 든 잠 누군가 흔들어 깨울 때까지.

절대 고독

나는 이제야 내가 생각하던
영원의 먼 끝을 만지게 되었다.

그 끝에서 나는 눈을 비비고
비로소 나의 오랜 잠을 깬다.

내가 만지는 손끝에서
영원의 별들은 흩어져 빛을 잃지만,
내가 만지는 손끝에서
나는 내게로 오히려 더 가까이 다가오는
따뜻한 체온을 새로이 느낀다.
이 체온으로 나는 내게서 끝나는
나의 영원을 외로이 내 가슴에 품어 준다.

그리고 꿈으로 고이 안을 받친
내 언어의 날개들을
내 손끝에서 이제는 티끌처럼 날려 보내고 만다.
나는 내게서 끝나는
아름다운 영원을

내 주름 잡힌 손으로 어루만지며 어루만지며
더 나아갈 수도 없는 나의 손끝에서
드디어 입을 다문다 ──나의 시와 함께.

고독의 순금純金

하물며 몸에 묻은 사랑이나
짭쫄한 볼의 눈물이야.

신神도 없는 한세상
믿음도 떠나,
내 고독을 순금처럼 지니고 살아 왔기에
흙 속에 묻힌 뒤에도 그 뒤에도
내 고독은 또한 순금처럼 썩지 않으련가.

그러나 모르리라.
흙 속에 별처럼 묻혀 있기 너무도 아득하여
영원의 머리는 꼬리를 붙잡고
영원의 꼬리는 또 그 머리를 붙잡으며
돌면서 돌면서 다시금 태어난다면,

그제 내 고독은 더욱 굳은 순금이 되어
누군가의 손에서 천년이고 만년이고
은밀한 약속을 지켜주든지,

그렇지도 않으면
안개 낀 밤바다의 보석이 되어
뽀야다란 밤고동 소리를 들으며
어디론가 더욱 먼 곳을 향해 떠나가고 있을지도……

4

어리석은 갈대

천국에서도 또 지옥에서도
가장 멀고 먼
내가 묻힌 흙에서,
한 줄기 마른 갈대가
바람에 불리며,
언젠가는 모르지만
돋아 날 것이다.

그 갈대를 꺾어
목마른 피리를 만들어,
내 살과 내 꿈으로 더듬던
한 노래를 그 입부리로
빈 하늘가에 불어 주는 사람이 있다면,
어리석게도 먼 훗날에 있다면,

그는 내게서 가장 처음으로
가장 저를 잊고 태어난,
내 영원의 까마득한 새 순筍일 게다.

어린 것들

너희들의 이름으로
너희들은 허물할 것이 없다.

너희들의 아름다움은
그 측은한 머리와 두려워하는 눈동자,
연약한 팔목과 의지함에 있다.

너희들의 귀여움은,
대숲에서 자고 나오는 아침 참새들처럼
재재거리는 그 소리와,
이유 없는 기쁨과 너희들이 깎는 연필심과 같이
까아만 너희들의 눈동자에 있다.

너희들이 슬프게도 아아 슬프게도
달리는 흉기 그 앞바퀴에 깔려
너희의 고사리 같은 손을 아스팔트에 던지고
쓰러졌을 때,
나는 너희들의 이름이 애끊는 이름이
저 지옥으로 떨어진다고 생각할 수는 없다!

나는 눈물이 너무 많아서
나는 아무래도 천국으로 갈 수는 없겠다!

너희들은 햇빛을 햇빛이라 부르고
서슴지 않고 배고픔을 배고픔이라고 말한다.
그리하여 너희들의 깨끗한 한국어는
가장 강한 노래의 샘물이 된다.

빈틈없는 어른들의 교훈보다
어설픈 너희들의 이상한 꿈과 말의 지껄임,

그 처음의 생명 속에서
너희들은 종교보다 한 걸음 앞서서
언제나 이 세상에 태어난다.

평범한 하루

파초는 파초일 뿐,
그 옆에 핀
칸나는 칸나일 뿐,
내가 넘기는 책장은 책이 되지 못한다.

의자는 의자일 뿐,
더운 바람은 바람일 뿐,
내가 누워 있는 집은 하루 종일
집안이 되지 못한다.

그늘은 또 그늘일 뿐,
매미 소리는 또 매미 소리일 뿐,
하루 종일 비춰는 햇볕이
내게는 태양이 되지 못한다.

넝쿨 장미엔 넝쿨 장미가
담은 담일 뿐
차라리 벽이라도 되지 않는다.
나는 그만큼 이제는 행복하여져 버렸는가?

다형茶兄

빈 들의
맑은 머리와
단식의
깨끗한 속으로

가을이 외롭지 않게
차를 마신다.

마른 잎과 같은
형에게서
우러나는

아무도 모를
높은 향기를
두고두고
나만이 호올로 마신다.

동체시대 胴體時代

우리는 짧아졌다.
우리는 통나무가 되었다.
우리는 배와 배꼽 아래께서
한여름의 생선처럼
토막나 버렸다.

배는 먹고 또 씨앗을 보존하면서
우리는 마른 통나무로
쌓여 가고 있다.

넝쿨 장미가 그 가슴에서 순 돋아
아름다운 어깨 위로 저 구름에까지
자라가기는 틀렸다.
깊이 생각할 뿌리는 말라,
우리와 우리의 어린것들에게도
남아도는 유희가 없다.

우리는 지금
도끼 옆에 놓여 있다!
통나무가 부르는

가장 친근한 이미지는
도끼다.
손바닥에 침 뱉는
든든한 도끼다.

우수憂愁

가을이 긴 나라
그 나라의 저녁참은
까닭없이 바람 속에 설레이고,

가을이 긴 나라
그 나라의 여인들은
수심 깊은 눈망울에 저녁해를 받고 있다.

가을이 긴 나라
그 나라의 정든 마음

길고 긴 한을 남겨 잠잠히 이어 보내고

가을이 긴 나라,
그 나라의 늦은 새들
해지는 먼 땅 끝까지 쭉지로 울고 간다.

절대신앙 絶對信仰

당신의 불꽃 속으로
나의 눈송이가
뛰어듭니다.

당신의 불꽃은
나의 눈송이를
자취도 없이 품어 줍니다.

이 어둠이 내게 와서

이 어둠이 내게 와서
요나의 고기 속에
나를 가둔다.
새 아침 낯선 눈부신 땅에
나를 배앝으려고,

이 어둠이 내게 와서
나의 눈을 가리운다.
지금껏 보이지 않던 곳을
더 멀리 보게 하려고,
들리지 않던 소리를
더 멀리 듣게 하려고.

이 어둠이 내게 와서
더 깊고 부드러운 품안으로
나를 안아 준다.
이 품속에서 나의 말은
더 달콤한 숨소리로 변하고
나의 사랑은 더 두근거리는
허파가 된다.

이 어둠이 내게 와서
밝음으론 밝음으론 볼 수 없던
나의 눈을 비로소 뜨게 한다!

마치 까아만 비로도 방석 안에서
차갑게 반짝이는 이국의 보석처럼,
마치 고요한 바다 진흙 속에서
아름답게 빛나는 진주처럼……

사랑하는 여인에게

우리의 창이 되어
고요히 닫힌
그러한 눈.

보석보다
별을 아끼는
그러한 손— 왼손.
우리의 뜻을
밝게도 장미빛으로 태우는
그러한 가슴— 둥근 가슴.
목소리— 우리의 노래인
맑은 목소리.

우리의 기도를 다소곳이
눈물에 올리는
깨끗한 무릎.

그러한 여인을
아내와 어미로 맞는
남자의 기쁨.
남자로 태어난 기쁨.

겨울 실내악

잘 익은
스토브 가에서
몇 권의 낡은 책과 온종일
이야기를 나눈다.

겨울이 다정해지는
두꺼운 벽의
고마움이여.
과거의 집을 가진
나의 고요한 기쁨이여.

깨끗한 불길이여,
죄를 다시는 저지를 수 없는
나의 마른 손이여.

마음에 깊이 간직한
아름다운 보석들을 온종일 태우며,
내 영혼이 호올로 남아 사는
슬픔을 더 부르지 않을
나의 집이여.

부재不在

나는 네 눈동자 속에
깃들여 있지도 않고,

나는 네 그림자 곁에 따르지도 않고
나는 네 무덤 속에 있지도 않다.

나의 말은 서툴러
나는 네 언어 속에 무늬 맺어
남지도 않고,
나는 내 꿈 속에 비치지도 않는다.

네가 나를 찾았을 때
나는 성전聖殿에 있지 않았고,
나는 또 돌을 들어 떡을 만든 것도 아니다.

나는 많은 사람들 가운데
네 튼튼한 발목으로 뛰어내리지도 않았고,
나는 나의 젊은 곁에
암사슴처럼 길게 누워 있지도 않았다.

나는 끝내 어디에 있는가.
나는 내 한 줌의 재로 뿌려지는
푸른 강가 흐린 물 속에 있는가.
그 흐르는 강물을
한 개의 별빛이 되어
물끄러미 나는 바라볼 것인가.

나는 어디에 있는가.
나는 내 단단한 뼛속에 있지도 않고
비 내리는 포도鋪道의 한때마저
나는 내 우산 안에 있지도 않았다

5

무기의 의미 I

빼지 않은 칼은
빼어든 칼보다
더 날카로운 법

빼어 든 칼은
원수를 두려워하지만
빼지 않은 칼은
원수보다 강한
저를 더 두려워한다.

빼어든 칼은
이 어두운 밤이슬에
이윽고 녹슬고 말지만
빼어들지 않은 칼은
저를 지킨다.
이 어둠의 눈물이
소금이 되어 우리의 뺨에서 마를 때까지……

흙 한 줌 이슬 한 방울

온 세계는
황금으로 굳고 무쇠로 녹슨 땅,
봄비가 내려도 스며들지 않고
새소리도 날아왔다
씨앗을 뿌릴 곳 없어
날아가 버린다.

온 세계는
엉겅퀴로 마른 땅,
땀을 뿌려도 받지 않고
꽃봉오리도
머리를 들다
머리를 들다
타는 혀끝으로 잠기고 만다!

우리의 흙 한 줌
어디 가서 구할까,
누구의 가슴에서 파낼까?

우리의 이슬 한 방울
어디 가서 구할까
누구의 눈빛
누구의 혀끝에서 구할까?

우리들의 꽃 한 송이
어디 가서 구할까
누구의 얼굴
누구의 입가에서 구할까?

희망

나의 희망,
어두운 땅 속에 묻히면
황금이 되어
불같은 손을 기다리고,

너의 희망,
깜깜한 하늘에 갇히면
별이 되어
먼 언덕 위에서 빛난다

나의 희망,
아득한 바다에 뜨면
수평선의 기적이 되어
먼 나라를 저어 가고,

너의 희망,
나에게 가까이 오면
나의 사랑으로 맞아
뜨거운 입술이 된다.

빵 없는 땅에서도 배고프지 않은,
물 없는 바다에서도
목마르지 않은
우리의 희망!

온 세상에 불이 꺼져 캄캄할 때에도,
내가 찾는 얼굴들이 보이지 않을 때에도,
우리는 생각하는 갈대 끝으로
희망에서 불을 붙여 온다.

우리에게서 모든 것을 빼앗을 때에도
우리의 무덤마저 빼앗을 때에도
우릴 빼앗을 수 없는 우리의 희망!

우리에게 한 번 주어 버린 것을
오오, 우리의 신神도 뉘우치고 있을
너와 나의 희망! 우리의 희망!

샘물

깊고 어진 사람의 성품과 같이
언제나 누구에게나 풍성히 솟는 샘물……
몇 천 몇 만 년 얼마나 많은 길손들이
저들의 무거운 멍에를 이 샘물 곁에
쉬고 갔을까.

앞으로 또 얼마나 많은 오고 올 사람들이
저들의 피곤한 다리와 메마른 입술
저들의 평생을
이 샘물에 적시우고 가려는가?

깊은 밤이 지새고
먼동이 트이면
서로이 낯익은 아낙네들이 이 샘물에 모여
넘치도록 가득히 긷는 질동이의 물들은
정녕 은이나 금보다 헐한 것은 아니언만,
그러나 아낙네들은
금은보화를 나를 때와 같이
서둘거나 다투지도 않는다.

그 마음이 날로 새로워
항상 아름다운 꿈을 지니이듯
억만 년 이 정결한 품속에서 씻기운 푸른 하늘을
저만이 호올로 간직한 보배처럼
때때로 물끄러미 들여다보고 가는
흰 구름들도 있다! 구름들이 있다!
언제나 누구에게나
풍성하게 솟아 넘치는 샘물이기에
오히려 그의 은총을 지나쳐 버리는 우리의 허물은
허물이어도 오히려 아름다운
우리의 크낙한 행복이다! 행복이다.

영혼의 고요한 밤

고요한 가을밤에는
들리는 소리도 많다.
내 영혼의 씀바귀
마른 잎에 바람이 스치는……

고요한 가을밤에는
들리는 소리도 많다.
내 육신의 높은 언덕 그 위에 서서
얄리얄리 보리피리 불어주던……

고요한 가을밤에는
들리는 소리도 많다.
누구의 감는 갈피엔가
뉘우치며 되새기며 단풍잎 접어 넣는……

고요한 가을밤에는
들리는 소리도 많다.
낙엽보다 쓸쓸한 쓰르라미 울음소리
내 메마른 영혼의 가지에 붙어 우는……

고요한 가을밤에는
들리는 소리도 많다.
책상 위에 고요히 턱을 고이면
세상의 모든 책을 다 읽어버린 다 읽어버린······

하운소묘夏雲素描

그날의 은방울이
하늘에서 울기 전
여섯 시엔
산마루의 정말체조丁抹體操
삼십 분엔 분홍빛 공길 찢어라
태양이 보석처럼 쏟아지게……

오전의 해협을 건너오는
너희들의 여름옷이 이다지도 흰 것은
저 봉우리와 젊은 섬들이
이렇게도 푸른 탓.

정오의 사이렌이 채찍 끝처럼
어느 도심에서 휘어지면
일제히 서쪽으로 셔터를 내리는
가로수의 그림자를 바라보며
소낙비의 급강하 훈련이 없는 오후엔
띄엄띄엄 만화를 그리거나
이발理髮.
또

사라진 궁전을 짓기 위하여
푸른 들 끝에 화강암을 나르기도 하고,

고가선 너머
도시의 가장자리가 연기에 물드는
보랏빛 시간이 오면
먼 들 끝에 호올로 나아가
제주마濟州馬를 몰고 가는 목동이 되든지
그렇지도 않으면
먼 하늘가에 아름다운 홍포紅布를 입은
꿈속의 성주城主라도 한 번 되어 봐야지…

이별의 곡曲

등불을 남기고 돌아가는 것은
오래 전부터 이 거리의 미풍이다.

안개는 자욱이 잠든 밤 위에 쇠를 잠그다.

멀리 바라보면 이층집이 서고
자욱한 포도鋪道로 넘어오는 만도의 초상들——
호! 밤은 이리도 슬픈 것인가?
빙산은 화려한 심장을 깨뜨리다.

나의 슬픔을 층층계의 중간에서
쓸쓸한 건강을 발견한 것뿐 아니란다.
눈과 제복의 고향에 우는 나아중 기적
안개는 버터빛으로 흐르고
등불은 차거운 심야를 동그랗게 파다.

떨어진 샤쓰 속에 지혜를 얻으렸다……
잘 있어라. 젊은 제복의 코사크
이 밤은 장미도 만찬도 없이 그대를 떠나다!
아아, 마음은 멀리 사막의 지도를 펴 들고

매아미 허물같이 외로워 외로워……
흐를 참이다!
그대는 젊고, 저는 어리고
희망은 저보다도 어리기는 하지만……

마지막 지상에서

산까마귀
긴 울음을 남기고
지평선을 넘어갔다.

사방은 고요하다!
오늘 하루 아무 일도 일어나지 않았다.

넋이여, 그 나라의 무덤은 평안한가.

김현승

연 보

1913(1세) 4월 4일 아버지 김창국金昶國과 어머니 양응도 梁應道 사이에서 6남매 중 차남으로 부친의 신학 유학지 평양에서 태어남.
호는 다형茶兄.

1919(7세) 4월 전남 광주로 이주. 미션계인 숭일학교 초등과에 입학.

1927(15세) 4월 평양 숭실중학교 입학.

1932(20세) 4월 숭실전문학교 문과 입학. 3년 과정 수료.

1934(22세) 5월 장시 2편「쓸쓸한 겨울 저녁이 올 때 당신들은」「어린 새벽은 우리를 찾아온다 합니다」를 당시 문과 교수였던 양주동의 소개로 동아일보에 발표하며 등단.

1936(24세) 3월 모교인 숭일학교에서 교편을 잡음.

1937(25세) 3월 신사참배 문제로 사상범으로 광주경찰서에서 검거. 재판 후에 벌금형으로 출옥.

1938(26세) 2월 장은순張恩淳과 결혼.

1946(34세) 6월 모교인 숭일학교 초대 교감으로 취임. 일제말 7~8년 중단했던 시작을 계속함.

1951(39세) 4월 조선대학교 문리과 대학 부교수로 취임.

1953(41세) 5월 계간지 ≪신문학≫을 창간 주재하면서 향토문화운동에 전념.

1955(43세) 한국시인협회 제1회 시인상 수상 대상자로 선정되었으나 수상 거부.
한국문학가협회 중앙위원 역임.
전라남도 제1회 문화상(문학부문) 수상.

1957(45세) 첫 시집 『김현승시초詩抄』(문학사상사) 간행.
한국문학가협회 상임위원 역임.

1960(48세) 75년까지 숭실대학교 교수로 재직. 전북대학교 대학원 및 연세대학교 대학원 국문과 강사로 출강.

1961(49세) 한국문인협회 이사 역임.

1963(52세) 제2시집 『옹호자의 노래』(선명문화사) 간행.

1966(54세) 한국문인협회 시분과위원장 역임.

1968(56세) 제3시집 『견고한 고독』(관동출판사) 간행.

1970(58세) 제4시집 『절대 고독』(성문각) 간행.
한국문인협회 부위원장 역임.

1971(59세) 기독교문화협회 위원장 및 크리스챤문학회 회장.

1972(60세) 숭실대 문리대학장. 평론집 『한국현대시해설』(관동출판사) 간행.

1973(61세) 서울특별시 문화상(문학부문) 수상.
한국문인협회 부이사장.

1974(62세) 『김현승시전집』(관동출판사) 간행.

1975(63세) 4월 11일 고혈압으로 쓰러져 서대문구 수색동 자택에서 타계.
시집 『마지막 지상에서』(창작과비평사) 간행.

〖한국대표명시선100〗을 펴내며

한국 현대시 100년의 금자탑은 장엄하다. 오랜 역사와 더불어 꽃피워온 얼·말·글의 새벽을 열었고 외세의 침략으로 역경과 수난 속에서도 모국어의 활화산은 더욱 불길을 뿜어 세계문학 속에 한국시의 참모습을 드러내게 되었다.

이 나라는 글의 나라였고 이 겨레는 시의 겨레였다. 글로 사직을 지키고 시로 살림하며 노래로 산과 물을 감싸왔다. 오늘 높아져 가는 겨레의 위상과 자존의 바탕에도 모국어의 위대한 용암이 들끓고 있음이다.

이제 우리는 이 땅의 시인들이 척박한 시대를 피땀으로 경작해온 풍성한 시의 수확을 먼 미래의 자손들에게까지 누리고 살 양식으로 공급하는 곳간을 여는 일에 나서야 할 때임을 깨닫고 서두르는 것이다.

일찍이 만해는 「님의 침묵」으로 빼앗긴 나라를 되찾고 잃어가는 민족정신을 일으켜 세우는 밑거름으로 삼았으며 그 기룸의 뜻은 높은 뫼로 솟아오르고 너른 바다로 뻗어나가고 있다.

만해가 시를 최초로 활자화한 것은 옥중시 「무궁화를 심고자」(≪개벽≫ 27호 1922.9)였다. 만해사상실천선양회는 그 아흔 돌을 맞아 만해의 시정신을 기리는 일의 하나로 '한국대표명시선100'을 펴내게 된 것이다.

이로써 시인들은 더욱 붓을 가다듬어 후세에 길이 남을 명편들을 낳는 일에 나서게 될 것이고, 이 겨레는 이 크나큰 모국어의 축복을 길이 가슴에 새겨나갈 것이다.

만해사상실천선양회

한국대표명시선100 | **김현승**

가을의 기도

1판1쇄 발행 2013년 7월 29일
1판3쇄 발행 2022년 12월 29일

지 은 이 김현승
뽑 은 이 만해사상실천선양회
펴 낸 이 이창섭
펴 낸 곳 시인생각
등록번호 제2012-000007호(2012.7.6)
주   소 경기도 양평군 옥천면 고읍로 164
          ㉾476-832
전   화 (031)955-4961
팩   스 (031)955-4960
홈페이지 http://www.dhmunhak.com
이 메 일 lkb4000@hanmail.net

값 6,000원

ⓒ 김현승, 2013

ISBN 978-89-98047-86-3 03810

* 이 책의 저작권은 저자와 시인생각에 있습니다.
* 잘못된 책은 책을 구입하신 서점에서 교환하여 드립니다.

※ 이 책은 만해사상실천선양회의 지원으로 간행되었습니다.